벌판에 있는
자그마한 숲

벌판에 있는
자그마한 숲

초판 1쇄 인쇄　2024년 02월 27일
초판 1쇄 발행　2024년 03월 01일

지은이	최원호
편집	장성호
펴낸곳	북퍼브
주소	서울특별시 마포구 월드컵로 8길 72
이메일	bookpub78@naver.com
전화	070-4269-9223
팩스	02-383-9996
홈페이지	www.bookpub.co.kr

ISBN　979-11-93160-64-0

■ 저작권법에 의해 보호를 받는 저작물이므로 무단전재, 무단복제를 금합니다.

지도책에도 나오지 않는
나의 인생길에 동행하시는
그대에게 감사합니다 ___

차례

희 ...11

가뭄 ...12
가새모춤 ...13
가을엔 ...14
가을이 온다 ...15
거머리 ...16
거미 친구 ...17
꿈, 여기 ...18
凌霄花 ...19
대한 大寒 ...20
둥근 놈, 모난 놈 ...21
모른다는 것이 희망일 때가 있다 ...23
바빌론 강기슭에서 ...24
번 뇌 ...25
봄 春 ...27
不惑(부록) ...28
삶, 인생, 생애 ...29
상실에 대하여 ...30
상황과 사람 ...31
새해 _ 꿈 ...33

송년 인사 ...34

신년인사 ...35

옳음과 선함 ...36

위선 僞善 ...37

조금 부족합니다 ...39

種豆得豆? ...41

첫눈이 오기 전에 ...42

로 ...45

경계에 서다 ...46

고통 불변의 법칙 ...47

교차로에서 ...49

그 길 ...51

길 ...53

나이를 먹어야만 ...55

벌판에 있는 자그마한 숲 ...56

복수의 칼 ...57

비 ...58

살자 ...59

간절한 것은 이루어지지 않는다 ...**60**
[아니짜 1]_한결같다 ...**61**
[아니짜 2]_항상 그러한 것은 없다 ...**62**
어느새 ...**63**
울타리에 대한 인식 ...**65**
인생은 부조리하고 ...**67**
일상 日常 ...**68**
작위와 자연, 선과 위선 ...**69**

애 ...71

錢(돈)_살 ...**72**
錢(돈)_피 ...**73**
강 ...**74**
개구리, 바다로 가다 ...**75**
개미와 베짱이 ...**76**
거울 ...**77**
경도傾倒, 기울어지다 ...**79**
나머지 ...**80**
당신은 무슨 색과 어울릴까요? ...**81**

망각 : 의지와 운명 사이   ...83

바다 들입니다   ...84

[밥과 삶] - 자율배식의 비밀   ...85

사다   ...87

[(!) 삭제된 메시지입니다.]
- 말없는 말을 건네다.   ...89

어쩌지   ...91

운(運) 없는 아들에게   ...93

작은 숲 앞에서   ...95

장미 1   ...97

장미 2   ...98

제비꽃   ...99

진달래꽃   ...100

코로나 19금(禁)   ...101

탐라도   ...102

탐욕과 무욕   ...103

하지 夏至   ...104

해당화   ...105

락 ...107

8자가 엎어져 ...108

아들놈 답시 : 8자 ...109

가까움과 멂 ...110

감을 따다 ...111

개 같은 인간 ...113

계절의 감옥 ...115

狂生夢死 ...116

그대, 안부를 묻다 ...117

내일의 희망이 오늘을 절망케 한다 ...119

돈벌레를 그리마 ...121

冬至에는 同志를 ...123

마음 ...124

마음의 눈 ...125

마트에서 길을 잃고 쓰다 ...126

무화과 無花果 ...128

선택하세요! ...129

아직 ...130

여름의 가운데서 ...131

좋아한다는 것 ...132

짧은 서신 ...134
항아리 ...135
행운 ...136
화살나무와 나 ...138

애오욕 ...139

이와 칫솔 사이 ...140
냉탕 안의 파동과 원칙 ...141
사우나와 경쟁 ...143
폭포와 얼음에 관하여 ...145
목욕의 종류에 관하여 ...147
무의식과 의식 ...149
왼손과 오른손 ...151
몸무게와 맘무게 ...153
다른 것과 틀린 것 ...155
내 안에 나 아닌 무엇 ...158
사도세자 ...160
목욕탕을 나서며 ...161

희

喜 (기쁘다, 즐기다)

希 (바라다)

噫 (탄식하다)

가뭄

마음이 많이 척박하네요.
국수 같은 소나기 몇 가닥 내려
메마른 마음 한 자락이라도 적셔주면

어차피 삶이 끝나는 날까지
해갈되지 못할 마음의 땅이지만
쩍쩍 갈라지는 목마름은 참으로 힘드네요.

그래도 다행입니다.
아직 마음의 논두렁에 심은
콩은 말라 죽지 않았어요.
올가을엔 이 콩이라도 수확해서
당신과 함께 먹고 싶네요.

> 옛날에는 농사에 소를 이용했지요. 농부들이 새참을 먹을 때, 소는 그 콩을 먹으라고 심은 것이 아닐까요.
> 볏잎은 날카로워 먹을 수 없으니까요. 논두렁콩을 심은 농부의 선한 마음.

가새모춤

비록 서 있는 땅이 서로 다를지라도
한 점에서 만날 수만 있다면
그려, 하나 되어
우리라는 이름으로 당당하게 나서보자.

나에게 너의 어깨를 내어다오.
나도 너희에게 나의 어깨를 송두리째 내어주마.
그려, 하나 되어
혼자이면 서지 못하고
혼자이면 쓸쓸할 수밖에 없는
모두 떠난 빈들에
가새모춤 하여
푸른 하늘과 쨍쨍한 바람 소리 벗하여
한겨울을 뚫고 가자.

> [註] 가새모춤
> 네 움큼을 가위다리 모양으로
> 서로 어긋나게 묶는 볏모의 단.

가을엔

바람에도 가을 음률이 가득합니다.
햇살에도 가을 내음이 가득합니다.
하늘에도 가을 색감이 가득합니다.
마음에도 사랑 예감이 가득합니다.

이런 마음으로,
이런 느낌을 간직할 수 있는 가을이 되길 바랍니다.
무엇하나 제대로 허락되지 않는 세상 속에서
그나마 견딜 수 있는 것은
이런 마음이 있기 때문인지도 모릅니다.

당신께도 이런 마음을 드립니다.
세상의 모든 고뇌를 한순간 멈추고
온전하게 가을을 만끽할 수 있는 그런 시간을 드립니다.
가을은 시간의 것이기에 어쩌지 못하나,
마음은 우리의 것이기에 어쩔 수 있습니다.
좋은 가을날을 당신께 드립니다.

가을이 온다

내다보이는 산자락에 흰 깃발이 즐비하다.
자세히 보니, 이슬 맺힌 거미줄이다.
가을이 거미줄에 걸렸다.

낙엽, 국화, 고독 따위는 가을의 출산이며,
가을은 결국 거미줄을 통과해야 잉태된다.

깃발이 바람에 나부낀다.
출발 신호다.
가을이 달려온다.

거머리

처음엔 잘 알지 못했고,
지각했을 땐 간지럽고 따끔거렸었다.
지가 먹으면 얼마나 먹을까.
귀찮고 징그러워서 외면했다.
세월의 거머리는 집요하고 은근한가보다.
이젠 무감하고 무기력하다.
몸 밖의 세월은 배 터지고, 내 안의 인생은 날로 시들고 있다.

곧 푸석하여 산화하려나.
산화하면 우주 속을 유영하다 어느 별에나 다다를 수 있을까.
이승별에서 안착하지 못한 인생,
저승별에는 제대로 착지하려나.
발목이 벌써부터 시큰거린다.
우습다.
거머리를 떼 낼 의지나 기력은 없고,
벌써 날아다닐 생각을 하고 있다니.

세월의 거머리가 내 인생의 시간을 빨고 있다.
인생이 조금씩 푸석해져 간다.
거머리는 내 손이 닿지 않는 곳에 달라붙어 떨어지질 않는다.

거미 친구

사방이 막힌 욕실에 너는 어떻게 왔니?
네가 친 거미줄에 걸릴 것은 허무밖에 없는데.
지난가을에 밖으로 내보내 준 녀석이 아니구나.
그 녀석은 허적허적 다리만 길었었는데.

전등이, 어둠이 너를 낳지는 않았겠지.
문틀이, 경첩이 너로 진화한 것은 아니겠지.
에피메테우스는 왜 너를 이곳에서 창조했니.
거미가 바람을 먹고 사는 것을 증명하려고?

나는 생각이 많다.
변기에 앉아 너를 바라본다.
이 추위에 너를 밖으로 보내야 하는지.
이 궁핍에 너의 소멸을 바라봐야 하는지.

창조와 진화보다 중요한 것이 밥과 똥인가.
넌 뭘 먹고, 난 뭘 싸냐.
너는 나의 고뇌를 보고, 나는 너의 고요를 본다.
불을 끄지 못하고 욕실 문을 닫는다.

꿈, 여기

이제는 꿈을 꾸지 말아요, 허무하게 곧 깨어나요.
이제는 눈을 감지 말아요, 그저 외면할 수 없어요.
오늘, 여기서, 눈을 뜨고 꿈을 찾아요.
눈을 들어 하늘을 보지 말아요, 그곳엔 없어요.
고개 숙여 발끝을 보아요, 거기 꿈이 있지요.
너무 먼 곳에서 찾았고 아주 긴 시간 속을 헤매,
이제 희미해져 버린 빛바랜 나의 꿈들.

허상을 살며시 내려놓고
소망을 슬며시 들어요.
지금 이곳에서 삶에 깃든 꿈을 만들어요.
우리가 헤매는 척박한 이곳이
바로 우리의 꿈이 실현될 곳이랍니다.

凌霄花

능가할 능(凌), 하늘 소(霄), 꽃 화(花)
모든 꽃이 피기를 그치는 맹하(孟夏)에 폭염을 뚫고
피어납니다
질 때는 꽃잎이 부산하게 하나씩 떨어지는 것이
아니랍니다
호른의 목이 부러지듯
툭 하고 온전한 자태로 떨어집니다
바람이 어쩌지 못합니다
태양이 어쩌지 못합니다
자의(自意)가 아니면 지지 않습니다
만지면 안 됩니다
눈이 멀 수도 있답니다
그저 바라보기만 해야 합니다
그런 꽃입니다
하늘마저 능가하는 꽃이랍니다
하늘꽃이랍니다
능소화! 바로 당신입니다

대한 大寒

24절기의 마지막 절후(節候)이며,
24절기의 시작인 입춘(立春)이 다음 절기입니다.

먹을 갈아 대문짝에 [立春大吉]을 붙일 준비,
삽을 갈아 산들녘에 [豊年祈願]을 새길 준비.

보이지 않는다고 없는 것은 아니며,
들리지 않는다고 멈춘 것도 아닙니다.

겨울 속에 실재하는 새봄의 기운,
언땅 속에 숨어있는 새싹의 숨결.

둥근 놈, 모난 놈

"세상은 내게 둥글게 살라하네."
"세상은 내게 모난 돌이 정을 먼저 맞는다고
훈계하네."
확실하게 둥근 것이 모난 것보다 세상살이에
좋은가 보다.
하기사, 시냇가에서 살아가는 자갈들조차
세모난 것은 거의 없으니.
둥근 것이 세상의 주류라는 사실은 부인할 수 없다.

"세상은 내게 생긴 대로 살라 하네"
생긴 대로 살다 보니,
둥근 놈은 둥근 놈끼리 잘들 굴러다니고,
거기 끼어 사는 모난 놈은 각이 부서져 거의
둥근놈이 되어간다.
언뜻 생각하면 날카롭게 생긴 모난 놈이
둥근 놈에게 상처를 줄 것처럼 보이지만
모난 놈은 지 스스로 구르기도 어려운 형국이다.

모난 놈 화났다.
"둥글둥글 살라하고, 생긴 대로 살라 하니,
어찌 살라는 말이냐"
모난 놈, 모여라!
우리도 세상 한번 멋지게 굴러 보자.
모난 각을 더욱 세워 둥근 면의 일각을 담당하자.
그려, 360이면 모난 놈들 둥근 놈 되네.
둥근 놈들 제 혼자 굴러갈 때 모난 놈들 함께 굴러보세.

이제 자잘한 둥근 놈들과 커다란 모난 놈의 세상살이!
찬란한 햇살 가득한 세상 끝에 누가 먼저 도달할까?

모른다는 것이 희망일 때가 있다

모른다.
흐르는 시간도 멈춰 선 공간도
제대로 알 수 없다.
다 모른다. 답답하다.

그러나
'모른다'가 희망일 때가 있다.
오늘 헤어날 수 없는 절망에 빠진 자,
내일을 모른다는 것만큼 큰 희망은 없다.

바빌론 강기슭에서

"너는 피투성이라도 살아 있으라.
다시 이르기를
너는 피투성이라도 살아 있으라."
(에스겔 16:6)

절대 현실에 무릎 꿇지 마라.
그대를 위해 어두운 골방에 엎드려
눈물로 기도하는 자가 있음을
기억하라.

번 뇌

[慾心]이 번뇌를 만든다.
[慾]이라 함은 '무엇을 지나치게 탐내거나 누리고 싶어 하는 것'이다.
[心]은 마음이다.
[慾]이 마음에 있는 것이 [慾心]이라 할 수 있겠다.
욕심이 '物'에 있으면 물욕이요, '情'에 있으면 욕정이다.
[慾心]이 번뇌를 가져온다.

[意慾]은 어떤가?
이때 [慾]이라 함은 '적극적으로 하고자 하는 것'이다.
[意]는 생각이다.
[慾]을 생각하는 것이 [意慾]이라 할 수 있겠다.
의욕이 어떤 목표를 향하면 좋은 것이고,
없으면 무기력이다.
의욕이 지나치면 過慾이라 한다. 번뇌를 가져온다.

'지나친 것'과 '적극적인 것'은 다른가 보다.
그러나 둘의 한계를 아는 방법은 없다.
둘의 공통분모는 '무엇인가를 하고자 하는 것'이다.

결국 [煩惱]의 시작은 '무엇인가를 하고자 하는 것, 즉 慾'이다.

번뇌에 휩싸이면, 결코 번뇌에서 벗어날 수는 없다.
번뇌에 젖지 않는 방법은 두 가지,
번뇌의 씨앗을 애초부터 키우지 않는 것이다.
그것은 인위적으로 '무엇인가를 하고자 하는 마음'을 버리고,
자신이 '자연스럽게 무엇인가를 하고 있는 모습'을 발견하라.
아니면, 손발을 묶고 아무 일도 하지 말라.

봄 春

'春'은
햇볕 아래 작은 풀이 힘차게 땅에서 솟아 나
생장하려고 힘을 쓰는 모습을 본뜬 글자랍니다.

빈약한 상상력을 동원합니다.
春은 三 + 人 + 日입니다.
사람이 마음에 햇덩이를 품고 머리를 쳐들어
삼중고를 뚫는 형상입니다.

가슴에는 뜨거운 열정을 품고
머리에는 냉철한 식견을 채워
딱딱한 현실과 절망의 벽을
들이받고 들이받고 들이받아
깨뜨리고 깨뜨리고 깨뜨려야
인생의 봄을 만날 수 있습니다.

不惑(부록)

本册을 아직 다 이해하지 못했는데
어느덧 別册만 남아 버렸네.
마음을 비우고 겸허하게 부록을 읽으면
天命을 알 수 있으려나.
한번 읽고 일어서면
또다시 읽을 수 없는 人生 本册을
그냥저냥 지나쳤네.
이제 내 손엔 덜렁 別册부록뿐.
기초가 없이도 이해할 수 있는
내용이면 좋으련만,
본래 그렇듯 부록은 本册보다
훨씬 深度가 깊다하니
天命을 알기 다 틀렸네.

삶, 인생, 생애

'삶'에는 ■, '인생'에는 ●●, '생애'에는 ●●
삶은 깊은 구멍투성이
뚫려 가는 것인지, 메꿔 가는 것인지

'삶'에는 ㅏ, '인생'에는 ㅣㅔ, '생애'에는 ㅐㅐ
삶은 불완전한 사다리
어디에 오르는지, 어디로 내려가는지

'삶'에는 ㅅ, '인생'에는 ㅅ, '생애'에는 ㅅ
삶은 서로 기대는 지게
누군가를 받치는지, 누군가가 받치는지

'삶, 인생, 생애'는
누군가와 애증을 반죽해서,
기우뚱 지게에 지고,
아슬아슬 사다리를 오르내리며,
구멍 숭숭 가슴을 메꾸는 일

상실에 대하여

잊을 수 없는 일을 잊으라는 말은 모집니다.
잊히지 않는 일을 잊어버리라는 말은 허언입니다.
잊을 수 없습니다. 절대 잊히지 않습니다.
많이 슬퍼하면서 상실에 익숙해지길 바랍니다.

특정 공간에서 사라진다는 사실이
내 마음을 비롯해 온 우주 공간에 존재하게 된다는 역설을
이른 시간 안에 느끼게 될 것입니다.
이 말, 믿어도 됩니다, 정녕 사랑했다면.
실체의 부재(不在)가 영혼의 동반으로 치환되었을 뿐입니다.
곧 보고 느낄 수 있습니다, 도처에 존재하는 생생한 모습을.
이 말이 가장 현실적이고, 가장 위로가 되리라 믿습니다.

상황과 사람

"상황이 사람을 변화시킨다"는 말이 있다.
그렇다. 상황에 따라 사람은 변화될 수 있다.
좋은 일인 것 같지만, 참으로 피곤한 일이다.
사람이 상황을 변화시킬 수 있다면 얼마나 좋을까.
변화의 축이 "사람"이 아니라 "상황"이라는데 아픔이 있다.
상황은 자신이 원하는 대로 전개되기 쉽지 않다.
자신이 원하는 상황에 놓여있는 사람 또한 많지 않을 것이다.
그렇다면 우리가 원하는 행복은 요원할 뿐만 아니라
너무나 피동적인 성격일 수밖에 없다.

이제 외적 환경인 "상황"이 자신을 죽이기 전에
"자신"의 내부에서 답을 찾아야 한다.
상황의 변화를 추구하는 것도 필요하지만,
먼저 자신의 변화를 추인해내야 하는지도 모른다.
똑같은 환경의 테두리에서 어떤 사람은 불행하고
어떤 사람은 행복해 하고 있다.

그렇다.
어쩌면 상황에 대응하는 개인의 양태가
오히려 주어진 상황보다는 행·불행을 결정짓는 요소일 수 있다.

상황의 변화를 기다리지 말고,
먼저 대응양태의 변화에 시간을 투자하라.
그리하면 우리는 어떠한 상황에도 굴하지 않을 수 있으며,
문득 변화된 상황을 맞이할 수 있다.
나를 변화시키라.
내가 변화하면, 상황은 반드시 변한다.

새해 _ 꿈

"너에게 일어나는 모든 일을 단순히 받아들여라."

- 랍비 라시

신던 양말을 머리맡에 놓고 자면, 꿈을 꾼답니다.
오늘은 형형색색의, 찬란한 문양의 양말을 자제해요.
오늘은 단순한 양말을 신어요.
오늘은 단순한 꿈을 꾸어야 하기 때문입니다.
자칫 복잡한 꿈을 꾸면,
해몽만 하다 일 년을 다 보낼 수도 있답니다.
아!!! 그것도 나쁘지 않은가.

송년 인사

백두대간에 밤새 눈이 내려
한해의 허물을 모조리 묻어버리고,
동해로부터 떠오르는 정결한 태양이
새해를 향해 내딛는 그대의 첫걸음에
찬란한 빛줄기를!

신년인사

이제 또 한해가 흘러가고, 우리네 인생도 흘러갑니다.
늘 그렇듯 시간만이 최후의 승자인 것 같습니다.
격정적 분노도, 빛나는 열정도,
심지어는 멈추지 않기를 바라는 치열한 사랑까지도,
시간의 끝을 지나면 항상 피폐한 삶에 무너져 내립니다.

오늘은 어제를 잊은 듯 또다시 오늘의 태양이 떴습니다.
내일도, 모레도, 글피도... 가슴속에 사랑이 살아있는 한
우리의 태양은 반드시 뜨리라 믿습니다.

옳음과 선함

저는 옳지 않았습니다.
제 안에 옳음이 없었음을 시인합니다.
다만, 옳다고 생각했을 뿐입니다.
'옳음'과 '옳음에 대한 자의적 판단'은 다를 수 있습니다.

저는 선하지 않았습니다.
제 안에 선함이 없었음을 인정합니다.
단지, 선하다고 생각했을 뿐입니다.
'선함'과 '선함에 대한 게으른 판단'은 상이할 수 있습니다.

많은 시간과 실패를 건너 너무 늦게 알게 되었습니다.
부끄러운 세월이었습니다.
사람은 결핍에 대한 갈증이 있습니다.
이 갈증이 남은 삶을 덜 수치스럽게 하길 기대합니다.

부족한 '옳음'과 '선함'을 구하겠습니다.
설사 검증된 옳음과 선함일지라도
신중하고 정숙하게 행하겠습니다.
그리고 오류의 가능성을 늘 열어 놓겠습니다.

위선 僞善

　　　위선(僞善) : 겉으로만 착한 체를 하거나 거짓으로 꾸밈

僞는 '거짓'이며, 善은 '착함'이다.
여기서 문제는 僞이다.
僞 = 人(사람) + 爲(하다)
결국 사람이 하는 것은 거짓이라는 말이 된다.
인간의 행위 안에는 진실이 없다는 말과 같다.
그렇다면, 무엇도 하지 않는 상태만이
허위에서 벗어나는 것이다.
물론 무엇도 하지 않은 상태가 진실이라는 근거도 없다.

위선(僞善)의 반대는 선행(善行)이다.
위선은 마음은 착하지 않으면서 착한 척
행동하는 것이다.
선행은 선한 마음을 그대로 행동에 옮기는 것이다.
결과적으로 표출된 행동은
둘 다 선하다는 말이 성립한다.
그렇다면, 내면이 문제다.
무형의 마음을 자신도 타인도 정확하게 알 수 없다.
마음을 알 수 없으니, 행동만이 판단 기준이 된다.

위선과 선행의 경계를 따지는 것은 무용하다.
다만, 나중까지 이어지는 위선은 선행과 다를 바 없다.
스스로는 마음의 진실을 그저 구하고,
타인의 허위가 드러나기 전까지는 그냥 믿자.
세상을 이롭게 하는 것은 선한 마음이 아니라,
선한 행위의 발현이라 생각하자.
혼돈 속의 마음을 정제하고, 정결하게 선함을 드러내자.

조금 부족합니다

조금 부족합니다.
버스를 타기 위해 달려갑니다.
과거 속에 나를 남겨두고, 버스는 미래로 달아납니다.
시간이 조금 부족합니다.

조금 부족합니다.
베란다에 빨래를 들고 나갑니다.
슬리퍼에 나를 묶어놓고, 널린 화분과 빨래들이 자유롭습니다.
공간이 조금 부족합니다.

조금 부족합니다.
생필품을 사러 마트에 갑니다.
눈과 머리가 계산적으로 돌아가고, 상품들은 권위적입니다.
금전이 조금 부족합니다.

조금 부족합니다.
당신께 마음을 들고 다가섭니다.
정성을 다해 노래하지만, 당신은 감동하지 않습니다.
사랑이 조금 부족합니다.

조금 부족합니다.
살다 보면 언제나 조금 부족하지 않을까요.
혹시 그 부족함이란 것이 희망의 다른 이름이 아닐까요.
이 부족함 속에 꼭 그만큼의 희망이 내재하는 것은 아닐까요.

조금 부족합니다.
조금 부족한 시간을 채워 버스를 탑니다.
아, 훑어보니 딱 한 좌석이 부족합니다.
그 부족함을 채웠으나, 또 조금 부족합니다.

부족한 것이 인생이고,
부족한 것이 희망입니다.

種豆得豆?

뿌린 만큼 걷는다는 말을 진정 믿는다면,
열일 제끼고 뿌리는 일을 하자.
뿌린 만큼 걷지 못한다고 생각한다면,
걷지 못한다고 생각하는 양만큼 더 뿌리자.
정녕 걷기를 원한다면,
당장 뿌리는 일을 선행하라.

> [註]
> 種豆得豆 : 콩 심은데 콩 난다.
> 제끼고 : '제치고'의 사투리.

첫눈이 오기 전에

이제 늦었지만 꽉 쥐지 말자, 행복.
이제 돌이킬 수 없지만 꽉 쥐지 말자, 사랑.

너무 꽉 쥐었다.
피투성이 손바닥을 바라본다.
깨져버린 행복 안에 돋은 불행을 본다.
부서져 버린 사랑 안에 싹튼 상실을 본다.
놓지 않으려 너무 꽉 쥐었다.
행복에 내재하는 불행을 보지 못했다.
사랑 속에 상존하는 상실을 알지 못했다.
깨지면 부서지면 알맹이가 나온다는 것을.

너무 늦었지만
이제라도 꽉 쥐어야 한다, 불행과 상실을.
털어버리려 하지 말아야 한다.
그것들이 손금의 생명선을 역류해
손톱 끝을 봉숭아 물로 붉게 물들일 때까지.
그 손으로 행복과 사랑을
다시 빚어야 한다.

그려,
모조리 세상 속으로 돌려보내야 한다.
첫눈이 오기 전에!
그래야 행복과 사랑이 우리 안에
이루어지는 것을 보게 될 것이다.

로

怒 (성내다, 화내다)

路 (가야 할 길)

勞 (일하다, 힘쓰다)

老 (늙다)

경계에 서다

사랑과 집착의 경계에 서다.
너무 다가서지 말자.
조금만 집착을 버리자.

소망과 욕심의 경계에 서다.
너무 간절하지 말자.
조금만 욕심을 버리자.

신념과 아집의 경계에 서다.
너무 단단하지 말자.
조금만 아집을 버리자.

온유와 동정의 경계에 서다.
너무 받아주지 말자.
조금만 동정을 버리자.

너무나 위태하다.
경계(境界)에 사는 스스로를
항상 경계(警戒)하자.

고통 불변의 법칙

질량 불변의 법칙이 있다.
모든 화학반응에서 반응 전후의 물질의 양은
일정하다는 것이다.
변화가 있을 뿐 물질의 질량은 불변한다는 이론이다.
인간에게도 적용되는 이론이다.
고통 불변의 법칙이 그것이다.
인간 안에 내재하는 고통은 늘 일정하다는 것이다.
고통의 내용이 변화할 뿐 그 양은 불변한다는 이론이다.

질량 불변의 법칙이 화학반응을 통해 물질이 변화하면,
물질의 질량마저 변화한 것처럼 착각하지만
결국 불변하듯이
고통 불변의 법칙 또한 어떠한 종류의 고통이 해소되면,
고통이 줄어든 듯 생각되지만, 결코 고통의 양은 변화
하지 않는다.

질량이 불변함에도 불구하고, 물질은 끊임없이 변화 앞에 서 있다.
이는 역사의 섭리이다.
고통이 불변함에도 불구하고, 인간은 끊임없이 변화하고 있다.
흙으로 돌아가는 마지막 변화가 있기 전까지 변화는 필연이다.
피해 갈 수 없는 것이 고통이고, 변화이다.

비록 고통의 양은 불변할지라도 고통의 질은 변화할 수 있다.
이것이 당신과 나의 희망이다.

교차로에서

1.
'말을 해야 알지!'
'말을 해야 아나!'

당신은 나의 입 속을 보았고,
나는 당신의 눈 속을 읽었네.

목젖 뒤의 투명한 침묵(沈默),
망막 뒤의 어두운 공동(空洞).

우린 보지 못했네.
우린 읽지 못했네.

당신도 노란불, 나도 노란불.
서로 건너지 못하고, 그저 서 있네.

2.
혹여
교차할 수 없는 교차로에서
마냥 서 있는 것이 아닐까.

당신이 우회전할 때 나는 좌회전,
당신이 좌회전할 때 나는 우회전,
당신이 직진할 때 나는 유턴,
당신이 유턴할 때 나는 직진.

만나서 한길로 갑시다.
길이 끝나는 곳까지 함께 갑시다.
삶이 종치는 날까지 같이 합시다.

그 길

길을 잃어버렸습니다.
태초에 당신에게로 걸어갔던 길은 이제 없답니다.
그 길을 되밟을 이유가 없었기 때문에,
나중까지 기억할 이유가 없었기 때문에,
그 길은 없답니다.
그러므로 당신은 나를 배웅할 수가 없습니다.

길을 걸었습니다.
당신과 함께 길 없는 길을 찾아 나섰습니다.
그 길은 한 번도 간 적이 없지만,
어디까지 라고 목적한 적이 없지만,
그 길을 만들고 있답니다.
그러므로 당신 없이 길을 나설 수가 없습니다.

길을 놓아버렸습니다.
홀로 걸어야 할 길은 아무런 의미가 없답니다.
그 길로 무심하게 걸어가도 되겠지만,
무명무실무감하게 흘러가도 되겠지만,
그 길이 무섭답니다.
그러므로 당신이 버린 길을 갈 수가 없습니다.

내게 필요한 것은 이제 길이 아닙니다.
당신과 함께했던 그 길 끝에 남아 있겠습니다.
거기서 살아가겠습니다.
혹여 훗날 당신께서 추억을 되짚어 나선다면 볼 수도 있겠지요.
당신 없이 길은 있을 수 없답니다.
내게, 길은, 오직, 당신과, 함께하는, 그 길밖에, 없습니다.

길

사람들은 길을 만들었다.
언제 만들었는지,
어디까지 만들었는지,
어디로 가는 길인지는 몰라도
길을 만들었다.
그리고 검증되지 않은 길에 대해서는 금지시켰다.
그들이 지금 가고 있는 길이 어떤 길인지도 모르는 채
그저 많은 사람의 무리가 가기에 따라가고,
금지시켰기에 비켜갈 뿐이다.

사람들은 그 누구도 목적지에 도착하지 못했다. 못한다.
그저 길이 있을 뿐,
그저 걷고 있을 뿐,
쓰러져 잠드는 곳이 목적지 아닌 목적지일 뿐이다.
길의 끝에 무엇이 있는지 모르기에,
쓰러져 묻히는 곳이 종착역이기에,
우리는 걷는 중에 의미를 찾아야 한다.
스쳐 지나가는 풍광을 놓치지 말아야 한다.

길,
지도책에도 나오지 않는,
인생길!

나이를 먹어야만

나이를 먹으면서 알게 되는 것이 있다.
나이를 먹어야만 알게 되는 것도 있다.

"왜, 열리지 않는 거야!"
어느 날 아들놈이 잠근 탄산음료 뚜껑이
아무리 힘을 써도 열리지 않는다.
"어, 별 군데가 다 아프네!"
도대체 말도 되지 않는 곳이 아프기 시작한다.

몸과 맘의 괴리가 드디어
생각과 실행의 균열로 현실화한다.
당혹스럽다.
그렇다고 행동을 바꿀 수는 없다.
먼저 생각을 바꿔야만 한다.
나이 듦을 인정하라.
이 겸허한 생각이 신중한 실행으로 이어진다.
삶은 본질과 현상의
합일을 찾아가는 지난한 여정이다.

벌판에 있는 자그마한 숲

동굴에서 시작된 바람
벌판 숲속에 갇혀 운다.
심해에서 잉태된 어둠
파도에 밀려 모여든다.
이제 그 바람
어둠과 함께 몰려다니며 운다.
그 바람 조금씩 배어 나와
벌판을 서성인다.
나를 숲속으로 인도하는 어두운 바람
나와 나무들, 잡풀들, 새들 뒤엉켜 운다.
바람과 어둠이 숨죽일 때까지...

복수의 칼

가슴속 깊은 곳에 복수의 칼을 벼리다.
그러나 그 칼,
원수의 목을 치기 위해
먼저 내 심장을 베고 나와야 한다.

가슴속 깊은 곳에 복수의 칼을 벼리지 마라.
차라리 용서의 숫돌로 전두엽을 갈아엎어라.

비

지구표면에 등 대고 누워
파란 하늘을 내려다 본 적이 있는가
눈 아래 걸려 있는
해와 달과 그리고 별들의 흔들림이
괜한 슬픔으로 다가온다.

그 하늘, 천 길 낭떠러지에
눈물 한 방울 떨궈

긴 세월 지나 역류,
후두둑 내 얼굴을 마구 때린다.

살자

고개 돌리지 말라.
뒤쪽에 있다고 없는 것은 아니다.
현실이며, 실존이라면
제대로 보기라도 하라.
맞서고 무릎 꿇고는 그다음 문제다.
너무 많이 숨었고,
아주 많이 달아났다.
달아난 그 자리에
미래라는 현실이 떡 버티고 있는 것을.
지겹다.
지겨운 것은 오늘이 아니라
외면하려는 내 모습이다.

살다 보면 어찌 되는 일도 없지만
죽지 않으면 어찌 되는 일이 없으란 법도 없다.
等價다.
살아 있다면 살자.
죽으면 살 수 없으니.

간절한 것은 이루어지지 않는다

간절한 것은 이루어지지 않는다.
이미 이루어졌다고 생각하는 간절함은 간절함이 아니었다.
교회당에 가 보라.
산사에 가 보라.
서낭당에 가 보라.
심지어 돌탑이 지천으로 널려 있는 모습을 보라.

간절한 것은 결코 이루어지지 않는다.
간절함과 성취는 반비례한다.
간절하면 간절할수록 성취는 멀어져만 간다.

이루고 싶은 것이 있으면, 간절해하지 말라.
바람을 이루기 위한 첫 번째 작업은 마음을 비우는 일이다.
그리고 소망과 욕심을 분리하는 작업을 하라.
이루어지지 않는 소망은 결코 없다.
단지 이루어지지 않는 것은 소망이 아니라 욕심이었던 것이다.

[아니짜 1]_한결같다

한결같다는 것은 모르는 사이에 변한다는 사실에
다름 아니다.
우주 만물은 반드시 변한다.
그것이 진보든 퇴보든 변했으며, 변하고 있으며, 변할
것이다.
그러므로 만물은 '한결같지' 않으며,
'한결같은' 것은 '변한다는 사실' 뿐이다.
한결같이 느낄 뿐, 인지 여부를 떠나 한결같지 않다.

우주 만물은 반드시 변한다, 머물 수는 없다.
이제 선택이 남아 있다.
앞으로 갈 것인가, 뒤로 갈 것인가.
변화에 무감할 것인가, 변화를 주도할 것인가.

[아니짜 2]_항상 그러한 것은 없다

일상에 매몰되어 살다보니 일상을 모른다.

日常 - 날 일, 항상 상

항상 그러한 것은 세상에 없다.
날마다 날마다 다르지만
그러한 것을 다만 그러하게 생각하는 것일 뿐이다.
매몰된 머리를 들고 그러한 것의 속내를 들여다보지 않는다면,
항상 다른 날이 항상 같은 날이 될 수도 있겠다.
세상에 항상 그러한 것은 없다.

어느새

'나는 어느새 밤에 익숙해지게 되었다'

아직 밤이 익숙하지 않은 것을 보면
아직 밤이 끝나지 않았다는 것입니다.
언젠가는 익숙해지겠지요.
익숙해지면 밤이나 낮의 의미도 차이도 없겠지요.
그때까지는 어두운 밤을 조심스럽게 걸어가야겠지요.

'나는 어느새 밤에 익숙해지게 되었다'

그나마 다행히도 '어느새' 익숙해지는군요.
'어느새'는 지나간 시간에 대한 표현일진데
생각보다 빠르다는 의미를 내포하지요.
다행입니다.
'어느새'라고 회고할 때까지는
밤길에 넘어지고 부서져도 다시 일어나 가야겠지요.

지금은 유순한 마음으로 고뇌에 대한
얘기를 할 수 있다는 사실에 무한 감사합니다.
이런 얘기를 얼마나 더 하면
'어느새'가 될까요.
그동안, 어느새, 내 인생이, 끝나지 않기만을 기대합니다.

〈註〉 '나는 어느새 밤에 익숙해지게 되었다'
- 프로스트의 〈밤에 익숙해지며〉의 마지막 구절

울타리에 대한 인식

울타리는 안과 밖의 경계이다.

울타리는 안의 안위와 고립을 위한 자발적 유폐이다.
밖에서는 넘을 수 없는 벽이며 미지의 땅이다.

울타리 안의 안위는 인식된 위험이며,
고립은 제도화된 자유이다.

울타리 밖의 큰 세상으로 나선다.
무제한의 선택과 불가피한 위험 속으로 뛰어든다.
아, 그러나 울타리를 나서는 순간, 금방 알게 된다.
넘을 수 없는 벽들이 즐비하여,
불가피한 선택과 무제한의 위험만을 허용한다.

결국 세상이 궁극의 울타리임을 알게 된다.
세상 안은 수많은 울타리로 이루어진 미로이다.
출구를 찾아도 세상 밖이 아닌 세상 안일 뿐이다.
벗어날 수 없다.
완벽한 안위와 고립도 없다.
무제한의 자유와 선택도 없다.

그저 허용된 위험을 무릅쓰고, 강고한 벽을 넘나든다.

탈출을 꿈꾸지 말자.
어차피 울타리 안에서 영위되는 삶이다.
안위와 위험, 선택과 책임의 외줄타기에 정성을 다하자.
그리고 여력이 있다면,
미로에 노란 등불을 하나씩 하나씩 달아보자.

인생은 부조리하고

"인생은 부조리하고, 그래도 괜찮다." 알베르 카뮈

첫째, '인생'의 본질이 부조리하다는 것이다.
둘째, 비록 부조리할지라도 '괜찮은 편'이라는 것인지,
부조리하지만 '까짓거 뭐 어때'라는 것인지 모르겠다.

하여튼 여하튼
인생은 부조리한 것이고,
그래도 괜찮은 우리는
부조리를 극복하기 위한 싸움을 하든지
그냥 괜찮다고 자위하면서 살든지

일상 日常

일상(日常)이 깨질만한 일이 일어났다.
그냥 내버려 두면 일상이 깨지고 만다.
그 일은 일상에 포함된 것이 아니라
인생에 노정(路程)된 일일 뿐이다.

잘 건너가자.
이 일이 일상을 깬다면,
깨진 일상이 새로운 일상이 될 수도 있겠다.
경계하자.

작위와 자연, 선과 위선

우리는 자연스러움을 좋아하고
작위에 대한 거부감이 있으며,
우리는 선을 좋아하고
위선을 배척한다.

작위와 자연, 선과 위선을 어떻게 구별할 수 있는가.
논리와 산수가 아닌 감정과 느낌으로 판단 짓는다.
존재의 페르소나와 표현양태를 그대로 파악할 만큼
오감이 뛰어나고 오염되지 않아야 가능하다.

혹여
작위가 거듭되면, 자연이 되는 것은 아닐까.
위선이 지속되면, 선이라 생각할 수 있을까.

구분되지 않는 작위와 자연
분리되지 않는 선과 위선
일관성과 지속성이 구분과 분리를 무의미하게 만든다.

작위나 위선이 항상성을 획득하면,
결국 자연과 선의 모습일 수 있음을 겸허하게 인정하라.
판단을 유보하라, 시간에 맡겨라.

편건은 당신과 상대를 넘어지게 한다.

> * 자연(自然) : 사람의 힘을 더하지 않은 저절로 된 그대로의 현상
> * 작위(作爲) : 의식적으로 행한 적극적인 행위
> * 선(善) : 올바르고 착하여 인간의 도덕적 기준에 맞음
> * 위선(僞善) : 겉으로만 착한 체를 하거나 거짓으로 꾸밈

애

哀 (슬프다)

愛 (사랑하다)

礙 (거리끼다)

(돈)_살

돈은 자본주의사회의 살(肉)입니다.
그러나 돈으로만 살(生) 수 없으며,
돈으로 살(買) 수 없는 것도 있지요.
그러나
이런 말로도 자위할 수 없는 게 돈입니다.

(돈)_피

金 황금 금, 돈 금
戈 창 과

황금
창 두 자루
한 자루의 창은 빼앗기 위한 것
한 자루의 창은 지키기 위한 것

돈에는 반드시 피가 묻어있다
그것이
나의 피든
타인의 피든

강

그대와 나
비록은 갈갈이 찢겨져
이 땅 언저리에 뿌려졌을지라도
어느 이름 모를 실강에서 이름 없이 만날 수만 있다면
그려, 하나 되어
굽이치고 부딪쳐도
역사의 기슭을 따라 흐를 수만 있다면
떨어지고 부서져 갈라질지라도
또다시 만나 흐를 수만 있다면
어둠이 길을 막고 구속해도
더 큰 우리와 만나
그려, 하나 되어
뚫고 헤치고 흐를 수만 있다면
한 바다로 흐를 수만 있다면
천년까지 하나일 수만 있다면
흐를 수만 있다면
하나일 수만 있다면
자유라 하자
사랑이라 하자

개구리, 바다로 가다

경포 수로 둑에 기대어 개구리가 운다.
다다르지 못한 바다의 꿈을 슬퍼하는 것일까.
거스르지 못한 연어의 삶을 아파하는 것일까.
바보같이.
꿈과 삶의 끝자락엔 죽음이 있다는 것을 알면서도
왜 그리 다다르고 거스르고 싶어 하는가.

경포 바다 둑에 귀 대고 개구리가 운다.
밀려오는 파도소리에 부서지는 그리움.
그리움이 차오르면 범람하겠지.

비가 내린다.
그리움에 사무친 비가.
둑에 기어오른다.
오! 칠흑의 바다를 뚫고 깜박이는 불빛.
꿈과 현실, 삶과 죽음의 괴리에 서다.
자유를 향해 비상하는 빠삐용처럼 개구리 날아오르다.

개미와 베짱이

개미는 본시 부지런한 것이 아니라
겨울날 놀기 위해 열심히 일할 뿐입니다.
개미는 베짱이가 되기 위해 땀을 흘립니다.

개미와 베짱이는 같은 종입니다.
개미 성충이 베짱이입니다.
'베짱이'는 '배짱이'가 아닙니다.
배짱이 있어, 노는 것이 아니지요.
젊은 날 개미가 죽게 일하면,
늙은 날 베짱이로 변태합니다.

봄날 개미, 겨울날 배짱이.
오늘의 부지런함이 내일의 게으름.

당신의 인생은 어디쯤인가요?
베짱이라면 당신의 인생은 겨울이며,
불행히도 얼마 남지 않았습니다.

거울

1
당신은 나의 거울!
몸관리 잘 해야해. 깨지지않게.

2
당신은 나의 거울!
항상 마음을 깨끗하게 닦아야 해.

3
당신은 나의 거울!
당신을 보면서 나를 가꾼다.

4
당신은 나의 거울!
당신은 내가 모르는 나의 뒷모습도 알고 있다.

5
당신은 나의 거울!
나는 가끔씩 당신을 닦아준다.

6
당신은 나의 거울!
당신에게서 멀어질수록 나는 작아져만 간다.

7
당신은 나의 거울!
당신이 없으면 나도 없다.

경도傾倒, 기울어지다

언젠가부터 주장이 강한 사람이 불편합니다.
왜 그럴까.
상대에 대한 분석으로는 답을 찾지 못했습니다.
그렇다면 나를 해부할밖에.

강한 사람은 확신 쪽으로 기울어져 있습니다.

나는 경도된 사람입니다.
그러므로 기울어진 사람을 만나면,
그 관계의 각도가 예각에서 둔각으로 변합니다.
결국 나의 경도된 생각이
타자와의 관계를 더욱 멀게 합니다.
관계의 불편함이 내게서 왔음을 인정합니다.

관계의 거리는 예각으로!
관계의 범위는 둔각으로!

나머지

만남은 인력에 의한 것이라서
이별은 중력에 의한 것이라서
우리는 인력과 중력 사이에서
우리는 만남과 이별 사이에서
기쁨과 슬픔을 서로 서로에게
나누고 모으고 하다 종국에는
중력에 떠밀려 못내 이별하네
이것이 세상사 모진 진리임에
열렬히 죽기로 사랑 하지않고
존재의 소멸과 남은 슬픔앞에
나머지 사랑을 어찌 추억하리

당신은 무슨 색과 어울릴까요?

당신을 꺼내서 무지개색에 비춰 봅니다.
빨간색
주황색
노란색
초록색
파란색
남색
보라색
어때요? 딱 봐도 남색이지요.
모든 색이 지겹게 세 글자지만,
당신만은 홀로 두 글자!

약한가요?
빨강과 노랑이 섞이면 주황색입니다.
노랑과 파랑이 섞이면 초록색입니다.
파랑과 빨강이 섞이면 보라색입니다.
이제 섞이거나 채워지지 않는 색은
남색밖에 없습니다.
당신은 하나뿐입니다, 오로지!

19금으로 할까요?
당신은 아름다운 女色입니다.
그러므로 당신과 어울리는 색은
오직 男色뿐입니다, 예!

망각 : 의지와 운명 사이

잊지 못할 것입니다.
잊히지 않을 겁니다.

'잊지 못하는 것'은 의지에 관한 일이며,
'잊히지 않는 것'은 운명에 관한 일이다.

그러면,
나는 그대를 잊지 못하는 것일까.
내게 그대는 잊히지 않는 것일까.

바다 들입니다

내 이름은 바다입니다.
모든 것을 가슴으로 받아줍니다.
아낌없이 가림없이 다 받아줍니다.
그래서 내 이름은 너른바다입니다.

내 이름은 들입니다.
모든 것을 품으로 들입니다.
아낌없이 가림없이 다 들입니다.
그래서 내 이름은 빈들입니다.

다
바다
들입니다.
그래서 바다는 들입니다.

[밥과 삶] - 자율배식의 비밀

늘 신중하다.
남겨서도 안 된다.
모자라서도 안 된다.
세상에 적당함이 있기나 하나
언제나 먹고 사는 일은 힘들다.

밥을 먼저 푸고, 찬을 푸고, 국을 받는다.
밥을 적당하게 푼다.
배열된 찬을 일별한다.
밥에 맞춰, 구미에 맞춰, 찬을 푼다.
별찬과 국·찌개를 선택한다.

밥을 먹는다.
잉여와 결핍 사이의 수저질이 대략 난감이다.
밥을 먹는지, 균형을 맞추는지
맛있고 없고의 문제가 아니다.
언제나 먹고 사는 일은 힘들다.

밥을 다 먹었다
국그릇에 식판의 남은 음식을 모은다
그릇에 담긴 남은 음식이 섞어찌개 일 인분이다
아, 오늘도 실패다
실패를 통한 깨달음도 소용없다

개개의 선택, 총량의 계측, 흡입의 순서
욕심을 부리면 쓰레기다
부족하면 배고프다
밥이 삶이다.
언제나 먹고 사는 일은 힘들다.

사다

'집을 사다', '빵을 사다'는
'값을 치르고 제 것으로 만들다'라는 의미이다.
값에 상응하는 무언가를 지불하고,
재화의 소유권을 이전시키는 행위이다.

'환심을 사다', '미움을 사다'는
'자신에 대한 감정을 가지게 하다'라는 의미이다.
값에 해당하는 무엇이 지급되고,
감정의 소유권을 이양하는 행위이다.

욕망이 금전으로 재화의 사적소유를 늘리게 한다.
'돈'이 인간사회 제일의 미덕인 이유이다.
그러나 '돈이 다냐!'라는 자본주의를 부정하는 말이 있다.
그것은 돈으로 살 수 없는 것들이 있기 때문이다.
무형의 것,
대가를 지불하고서도 소유권이 상대에게 넘어가는 것.

세상에서 돈이 최고다.

다만, 여기서 딱 하나만 빼자.

그것은 모든 것을 살 수 있는 돈으로도 살 수 없는 것.

- 마음, 사랑, 믿음 따위 것들.

[(!) 삭제된 메시지입니다.]
- 말없는 말을 건네다.

'삭제' 안에 실어 보낸 삭제한 자의 마음.
그 마음을 유추하는 삭제 당한 자의 마음.
과연 교류할 수 있을까.

던졌던 언어를 가볍게 회수하는 척하면서,
빈칸에 흘려놓고 간 결코 가볍지 않은 의문.
내용이 많든 적든, 마음이 무겁든 가볍든,
그저 '!' 하나에 한글 9자로 끝내 버리는.

당신은 도대체 내게서 무엇을 삭제한 것일까.
도대체 나는 무엇을 당신에게 삭제 당한 것일까.
금방 건넨 말을 잉크가 마르기도 전에 거두어 가버린다.고!
!(느낌표)나 남겨 놓지 말지.

삭제된 언어 위에 내 마음을 마음대로 덮어씌운다.
수없이 많은 언어를 대입해도 맞지 않는 빈칸들.
채울 수 없는 공허.

헛헛한 마음과 가난한 언어를 조립하여 대꾸한다.
- 한 번만 더 삭제하면, 당신을 내 마음에서 삭제할 테다.

어쩌지

지금 어쩌지 못하는 것을
어쩌지 않는다면
나중까지 어쩌지 못한다

어쩌지 못하는 것을
지금 어찌했다면
나중까지 어쩌지 못하는 것은 없다

나중까지 어쩌지 못하는 것을
마냥 어쩌지 않는다면
지금 어쩌지 못한 것만 남아있다

생 앞에 남아있는 어쩌지 못한 것들을
제 뒤에 꿍쳐놓고 어쩌지 않는다면
어쩌지 못해 살게 된다

결국 어쩌지 못한 채 죽게 되고
어쩌지 못한 죽음으로
온전하게 어쩌지 못한 것들은 남아있다

이러다 이승에서 어쩌지 못한 것들
저승까지 따라오면
어! 쩌! 지!

운(運) 없는 아들에게

대강 살다 죽기엔
네가 너무 젊다.

넌 좋은 아버지를 만나지 못했으니,
지금까지는 운(運)이 없다.
그러니 현재는
네가 헤쳐 나가야 하는 시간이다.

네게는
좋은 부모를 만난 애들이 이미 써 버린
'운'이 하나 남아 있다.
그 운이 찾아올 때까지는
네 힘으로 견뎌라.

나는 세상이 비교적 평등하다고 생각한다.
믿어도 된다.
아닌 것 같이 생각되어도
지금은 그냥 믿어다오.

나는 이 말이 그르지 않았다는 사실을
내 스스로에게 증명하기 위해서라도,
남은 삶을 좀, 더, 잘, 살고자 한다.

오늘은 더럽게 추워도 좋은 날이다.
눈 부신 햇살 때문이다.
이제사 밥을 먹고 싶네.

작은 숲 앞에서

숲이 웅성거린다.
산들바람이 전한 얘기를 나눈다.
지난겨울 다녀간
삭풍의 거친 목소리는 듣지 못했다.
"그대들의 뿌리가 튼실하도록
도와주러 왔었답니다."

몰랐다.
우리는 죽음의 전령이라 생각했다.
아아!
삭풍은 지금 어디에 있을까.

숲이 고요로 가득하다.
하늬바람이 전하는 얘기를 듣는다.
"내가
삭풍이고 산들바람이고 마파람이랍니다."

바람은 결코 머물지 않는다.
그저 숲을 스쳐 지나갈 뿐.
숲은 절대 떠나지 않는다.
마냥 언덕을 지킬 뿐.

장미 1

사람들의 영욕 속에 갇혀있는 한 망울 장미
너는 자꾸 타의라 외치지만
너는 스스로 담장 속의 안일과 과식을 택했다
이제 너 장미는 정열도 사랑도 아니다
너는 허위가 빚어낸 조화이다

자꾸 웃지마라
울고 싶어진다
그 날카로운 예지와 포근한 향기는 어디에 있느뇨
꺾기 쉽게 온몸을 면도질하고
분내나는 얼굴을 내밀고
아! 벌은 떠나고
이제 너는 날파리의 차지다

그래도 나는 기다린다
자유로 가는 이 길섶에서, 너를
내 사랑 장미여!

장미 2

녹색으로 단장한 것들만 살아 숨쉬는
이 계절 모퉁이에
뜨거운 가슴 열어젖혀
한 송이 장미로 서 있고 싶다

작열하는 태양 아래
떠나간 그대 풋풋한
미소 생각하며
모심드키 웃음 짓는다
언젠가 허상의 언덕에서 돌아 올
그대 위해
오늘도 고독의 잔을 비우고
아침 햇살에 정히 몸을 씻는다

이렇게 심장 터지게
그리운 날엔
한 송이 핏빛 장미로
서 있고 싶다

제비꽃

작년에 왔던 각설이는 죽지도 않고
또 왔건만,
강남 갔던 제비는 영 돌아오질 않네.

그저 그대가
무심하게 흩뿌려놓고 떠난
자잘한 꽃만 소리소문없이 피어나네.

> * 제비꽃 : 꽃말은 '겸양'이며, 강남에 갔던 제비가 돌아올 때쯤 꽃이 핀다고 해서 붙여진 이름

진달래꽃

1.
그대가 말없이 고이 즈려밟고 가신 진달래꽃.
이 봄, 다시 온 산에 불타오르네.

2.
그대 떠난 그 자리, 슬프다.
불타오르던 그 산자락, 아프다.

3.
꽃진 자리에 돋아나는 그리움, 미련이런가.

4.
去者必反! 벌써 기다리는가, 지난한 사랑.

코로나 19금(禁)

코로나 이전에도 우리는 잘 만나지 못했습니다,
뭐가 그리 바빴는지.
코로나가 만남을 가로막으니, 왠지 만나야겠다고
생각을 하게 됩니다.
코로나 이전에는 서로의 안부를 잘 묻지 않았습니다,
뭐를 그리 쟀는지.
코로나가 자폐를 깊게 하니, 왠지 소원했던 사람에게
안부를 전하게 됩니다.
코로나의 역설이 아닐까요.

영화 19금(禁)은 제한적이나, 코로나 19금(禁)은 모두에게 해당이 됩니다.
영화는 대충 차별적이고, 코로나는 몹시 평등합니다.
영화는 끝을 알 수 있으나, 코로나는 끝을 내야 합니다.

만나지 않고 만나는 방법이 있을 것입니다.
마음에 온기를 담아,
버려뒀던 사람에게 안부를 전하시지요, 지금 당장!

탐라도

물빛이 탐라도다.
눈빛이 탐나도다.
푸름이 탐라도다.
정열이 탐나도다.
바람이 탐라도다.
흐름이 탐나도다.

그대가 탐라도다.
그대가 탐나도다.

탐욕과 무욕

이제 당신의 욕망을 탓하지 않으련다.
내가 무욕하지 않다는 사실을 알아버렸기 때쿤이다.

당신의 욕망은 세상 속의 성취일 뿐이고,
나의 욕망은 세상 속의 고요일 뿐이다.

다만, 당신의 욕망이 탐욕에 이르지 않기를.
단지, 나의 욕망이 무욕에 이르지 않기를.

하지 夏至

어젯밤에 하지
이제 어떻게 하지
어스름밤에 살포시 고백하지
몰랐어, 망설이다가 금새 날 샐 줄

태양이 저렇게 높은 곳에서 감시하지
이제 어떻게 하지
눈 딱 감고 어두운 척 고백하지
몰랐어, 낮의 길이가 이렇게 길 줄

동지(冬至)는 멀기만 하지
이제 어떻게 하지
마음은 설레기만 하지
사랑은 멀기만 하지

해당화

그대 흩뿌리고 간 발자국에 고인 그리움
간밤 파도에 부서진 달빛
발자국마다 피어난 원망의 꽃

갯바람에 돋아난 가시
근접할 수 없는 그리움
긴 세월 지나 응어리진 심장

폭풍우에 실려 간 마음
칠흑 속에 빛나는 오징어배
그대 그리움은 야행성인가!

| * 해당화의 꽃말 : 원망

락

樂 (즐겁다)

落 (떨어지다, 흩어지다)

諾 (대답하다)

8자가 엎어져

살다가, 온 힘을 다해 살다가
정말 되지 않는 일을 만날 때
지쳐 쓰러져 한탄한다.
'팔자가 더럽다.'
'팔자가 기구하다.'

인생의 돌부리에 걸려 엎어져
팔자를 생각한다.
8자가 엎어지면 ∞가 된다.
이러다 큰일 나겠다.
평생을 엎어져서 보낼 수도 있겠다.

아무래도 빨리
일어나야 할 것 같다.
차라리 더러운 8자가
∞(계속) 엎어져 사는 것보단
나을 것 같다.

| ※ ∞ : 무한대(無限大) 기호, infinity

아들놈 답시 : 8자

내 8자가 왜 이럴까.
다 아빠가 날 낳아서지.
아빠는 이제 단물 다 빠지고, 허깨비지.
그럼 아빠를 갖다 8자.
돈이나 나올까?

가까움과 멂

가깝다는 말은 멀다는 말과 같다.
'가깝다'는 비교형이 아닐는지.
'무엇보다', '어디보다', '누구보다'.

'시간', '공간', '관계'가
멀고 가까운 것을 결정짓는다.
무엇에서 가깝다는 것은
반비례해서 무엇에서 멀다는 것이다.
결국 멀고 가까움이 실존을 결정짓는다.

물러남과 나아감 사이에서 주춤거린다.
선(善)에 가까이 갈 용기가 없다면,
마음속 악(惡)을 멀리하면 될까.
정의(正義)에 다가갈 용기가 없다면,
마음속 불의(不義)를 멀리하면 될까.

가까움과 멂, 그 부조화가 삶의 고뇌다.

감을 따다

나무에 올라가 감을 따보지 않은 자는
새에 대하여 말하지 마라.

감을 땄다.
물경 한 시간 삼십 분을 나무 위에 매달려 있었다.
그리고 탈진했다.
그때 문득 머릿속에 새가 퍼덕였다.
새들은 나무에 앉아서 잠을 자기까지 한다는 사실.
새삼 그들의 존재감이 경이롭게 다가왔다.

나무에 올라가 맨손으로 감을 따보지 않은 자는
새들의 삶에 대하여 구구하게 말하지 마라.

감나무 우듬지에 올라가 감을 따는 일은
작대기로 달을 따는 일과 흡사하다.
무모하고 위태롭다.
감을 따는 일에 대하여 감이 잡히질 않을 것이다.
경험 없이 유추가 허락되지 않는 일이 많다.
감히 어림잡지 마라.

새들이 파먹은 홍시들이 몇 개 달려있다.
그런 생각이 든다.
새들이 홍시를 찾아서 먹는 것이 아니라
새들이 입술을 댈 때 감이 익어 가는지도 모른다는 사실.

감을 따는 나를 무심히 바라보며
허공에 파도를 만들며 출렁출렁 날아오르는 새.
감나무 우듬지 맨 꼭대기에 매달린
몇 개의 감을 향해 뻗치던 손을 거두어들인다.
달을 따려던 작대기를 거두어들인다.
새가 내 머릿속에 조용히 내려앉는다.

개 같은 인간

우리는 이해하기 힘든 언행을 하는 사람을
'개 같은 인간'이라 표현합니다.
'사람'에 대한 암묵적 통념이
그래도 '개'보다 낫다는 말이겠지요.

개는 이해하기 어렵고,
이해 불가한 인간과 비슷한가요?
사람은 인간 일반에 대한 막연한
기대와 선이 있나 봅니다.
사람은 개 일반에 대한 엄연한
경계와 선이 있나 봅니다.

혹여 사람의 속성에 이해 불가한 면이
있는 것은 아닐까요?
'개 같은 인간'이라는 표현은 사람과 개에 대한
무개념에서 온 것일 수 있지요.
인간은 선과 악의 폭이 개와 달리
이해하기 힘들 만큼 넓다고 생각합니다.
인간에 대한 암묵적 통념과 기대와 선이
폐기되어야 할 세상입니다.

호모 사피엔스가 이해하기 힘든 측면이 있는
족속이길 기대합니다.
아니라면, 무섭게도
호모 사피엔스는 이해하기 어려운 쪽으로
계속 진화하기 때문입니다.

계절의 감옥

바다는 계절의 소리없는 침입에 호수처럼 숨을 죽이고,
탈취된 고지는 울긋불긋한 점령군의 깃발이
나부끼고 있습니다.
이제 사람들은 계절의 포로가 되어 쓸쓸한 감옥에
갇히게 됩니다.
눈을 들어 보세요, 시루봉 산자락을 타고 내려오는
저들의 깃발을.
들판이 접수되기 전에 얼른 곡식을 거두어야 합니다.
귀 기울여 보세요, 질서정연한 저들의 발자국 소리를.
마음이 접수되기 전에 서둘러 따뜻함을 채워야 합니다.

처연한 감옥은 우리를 좌절하게 합니다. 안 됩니다.
기대야 합니다. 서로의 어깨와 서로의 가슴에.
나눠야 합니다. 튼실한 알곡과 따뜻한 마음을.
백색군단이 온 세상을 새하얗게 해방시킬 때까지.

狂生夢死

"미치다"는 두 가지 뜻을 내포한다
[돌았다]는 의미의 미치다(狂)와
[닿다]는 의미의 미치다(及)가 있다
그러나 두 뜻은 결국 같다
불광부급(不狂不及)
미치지 않으면 미치지 않기 때문이다

"꿈"에는 두 가지 뜻이 내포되어 있다
[헛된 기대]라는 의미의 꿈(妄想)과
[희망]이라는 의미의 꿈(素望)이 있다
그러나 두 뜻은 결국 같다
비몽사몽(非夢似夢)
꿈을 구별할 근거가 없기 때문이다

미쳐서 살다가 망상 속에 죽든가
미치기 위해 살다가 소망 속에 죽든가
미쳐서 살다가 소망을 품고 죽든가
미치기 위해 살다가 망상을 품고 죽든가
광생몽사(狂生夢死)
그냥 그렇게 미치고 싶다

그대, 안부를 묻다

안부를 물어야 할 대상이 있다.
사람마다 그 범위가 다르다.
그 대상은 내가 안부를 물어야 할 범위에
넣었는지도 모를 수 있다.

그대, 안부를 묻는다.
그대는 꿈쩍도 하지 않는다.
그냥 여러사람에게 스팸처럼 보낸 줄 안다.
그저 의미없다.

결국, 안부를 묻다가 내 안부가 위태롭다.
아파서 안부를 물어야 할 대상을 줄인다.
그러나 무반응일지라도 안부를 물어야 할 사람이 있다.
바로 그대이다.

내 마음속 항상성이 중요하다.
때를 놓치면, 안부를 묻기가 뻘쭘하게 된다.
그저 농부가 절기에 따라 농사를 짓듯
시시때때로 안부를 묻는다.

그대, 안부를 묻다.
격변의 시대에 문안 올립니다.
그대,
내내 평안하소서!

내일의 희망이 오늘을 절망케 한다

내일의 막연한 희망이 오늘의 삶을 피폐하게 한다.
희망이 현재의 적응력을 현저하게 떨어뜨린다.
희망은 약효가 한계 지어진 모르핀에 불과하다.
차라리 적나라한 현실을 자각하고, 처절하게 사는 방법을 배워야 한다.
실존 속에 희망은 내재할 수 없다.

희망은 언제나 미래의 것이다.
실존은 오늘에 머물러 있을 수밖에 없다.
오늘에 닿지 않는 내일에 매달려 땅에 닿지 않는 삶을 영위할 수는 없다.
오히려 척박한 땅에 도전하든 적응하든, 그 속에 머리를 처박아야 한다.
오늘 속에 희망은 존재할 수 없다.

하루가 지나도 내일은 없다.
내일의 희망은 오늘을 버리고 또다시 미래로 달아났다.
오늘은 어제에게 자리를 물려주었다.
그러나 오늘은 내일의 자리를 빼앗아 또다시 오늘이 되었다.

세상 속에 내일은 실재할 수 없다.

앞으로도 미래는 오지 않을 것이다.
미래에 사는 희망을 만날 수도 없을 것이다.
오롯이 남아 있는 것은 오늘뿐이다.
이제는 미래의 환상을 버리고, 치열하게 오늘을 살아보자.
현존 속에 희망을 잉태할 수밖에 없다.

돈벌레를 그리마

숙직실 목욕탕 욕조 바닥에 돈벌레가 있다.
다리가 많지만, 발바닥이 생각보다 매끈한 것이 문제인가 보다.
올라오질 못한다. 갇힌 것이다.
다음날 보니 그 자리에 그대로 있다.
혹여 죽었나 슬쩍 물을 뿌려보니, 난리도 아니다.
삶에 대한 애착이 공포를 극대화해선지 엄청 빠르게 움직인다.
그다음 날 보니 다른 자리에서 눈을 껌뻑이며, 끔짝하지 않는다.
체력을 비축하기 위해 최소한의 동작만 취하는 것 같다.

어, 오늘 보니 아직도 살아있다.
"네가 무슨 죄가 있냐, 다리 많은 게 죄냐?"
"너는 돈벌레로 태어나고 싶어서 태어났겠냐, 어휴"
치약 포장지로 구조작업을 하여, 어둠 속에 놓아준다.

이제 돈벌레, 네 차례다.
박씨는 필요 없다.
심을 땅이 단 한 평도 없고, 썰 톱도 없다.

꿈속에서 로또 숫자를 일러주지도 마라.

다리 수만큼 불러주면, 너를 살린 내가 머리 터져 대신 죽는다.

그냥 잘 살아라.

체할지 모르니 죽부터 먹고.

> * 그리마(house centipede)는 절지동물이며, 돈벌레라고도 한다. 지네와 비슷하게 생겼으며, 저작할 수 있는 턱이 있으나 대체로 사람을 물지는 않는다. 생김새와 움직이는 폼이 사람들의 혐오감을 유발하나, 실질적인 해를 끼치지는 않고 오히려 해충을 잡아먹는 익충이다.
> 머리에는 1쌍의 긴 촉각과 1쌍의 겹눈이 있다. 몸통은 막대모양이고, 8개의 등판으로 덮인다. 가늘고 긴 15쌍의 걷는 다리가 있다. 등판 뒤쪽 중앙에 기문(氣門)이 있다.

冬至에는 同志를

동지(冬至)는 밤이 가장 긴 날입니다.
동지(同志)는 뜻이 가장 잘 맞는 서로입니다.
동지(冬至)는 팥죽을 먹고,
동지(同志)는 사랑을 먹습니다.
동지(冬至) 팥죽은 악귀를 몰아내고,
동지(同志) 사랑은 시련을 걷어냅니다.
동지(冬至)는 밝음(白晝)의 시작입니다.
동지(同志)는 모의(圖謀)의 시작입니다.
동지(冬至)에 동지(同志)와 밝음을 모의하지요.
가장 어두운 동지(冬至)에 어둠을 끝장내고,
동지(同志)와 첫새벽 인생길을 손 맞잡고 걷지요.
아니면
가장 어두운 동지(冬至)에 야음을 틈타,
동지(同志)와 어둑새벽까지 인생술을 기울이시지요.

마음

1.
마음 쓰지 마라.
쓸데없는 일에는 마음 대신 머리를 쓰라.
마음은 사랑하는 데나 쓰라.

2.
쓸데없이 마음 쓰지 마라.
혹여 좋은 날이 오면
마음껏 기뻐할 마음이 없을지도 모른다.

마음의 눈

"창조주는 만물에 -미물에 이르기까지- 한 가지씩의
아름다움을 내재해놨다.
당신이 만물 어느 것에서든지 아름다움을 찾아내지
못한다면,
당신의 눈은 매우 나쁜 편에 속한다."

객관적으로 존재하는 만물에 내재하는 아름다움을
찾아내는 마음이
그나마 삶을 푸르게 하겠지요.
세상이 아름답지 않다고 느낄 때
마음의 눈을 닦는 일을 선행하는 것이
필요하지 않을까요.

마트에서 길을 잃고 쓰다

1.
물건을 자꾸 들었다 논다,
짜증이 밀려온다.
재정과 건강,
두 마리 토끼를 몰아야 한다.

인생은 부조리하다.
무한정한 재정은 없다.
무절제한 건강도 없다.

계산도 힘든 가격을 합산한다.
1+1, 2+1, 묶음, 할인, 한정판매 따위.
보기도 힘든 함량을 체크한다.
칼로리, 나트륨, 탄수화물, 당류 따위.

욱해서 마구 산다.
규모 없고, 대책 없다.
봉지가 빵빵하고, 계산서가 말린다.

2.
털레털레 집으로 돌아온다.
아내가 부엉이 눈으로 봉지를 분리한다.
'이거, 이거, 이거, 당장 물러와요~ 오.'
아내의 입은 참, 점잖다.

가정의 평화는 불가피하다.
회피가 전쟁을 막는 경우, 많다.
운이 좋다, 집에서 마트는 그다지 멀지 않다.

무화과 無花果

이름을 풀이하면 꽃이 없이 열매를 맺는다는 것이다.
수많은 과실이 꽃을 자랑하고 열매를 선물하지만,
무화과는 과정의 치열함을 감추고 결실만을 보여준다.

환한 얼굴과 분 냄새로 현혹하지 말지어다.
폭풍우와 갈증에 아파하는 모습을 보이지 말지어다.
어차피 시간은 흐르고 꽃은 진다.

강물도 협곡에 깎이고 폭포에 부서져
피투성이 몸으로 바다에 이른다.
석양이 눈물겹게 아름다운 이유이다.

봄여름의 고통은 온전하게 나의 것이며,
가을의 열매는 모두의 것이다.
無花果!

선택하세요!

1. 불행은 매우 민감하고, 행복은 몹시 둔감하며
불행은 마중물이고, 행복은 배웅물이며
불행은 불쑥 찾아오고, 행복은 문득 사라지며
불행은 오랜 독감이고, 행복은 잦은 재채기며
불행은 깊은 흔적을 남기고, 행복은 뿌연 기억을 남기며
불행은 내일까지 살고, 행복은 오늘 죽는다.

2. 행복은 매우 민감하고, 불행은 몹시 둔감하며
행복은 마중물이고, 불행은 배웅물이며
행복은 불쑥 찾아오고, 불행은 문득 사라지며
행복은 오랜 독감이고, 불행은 잦은 재채기며
행복은 깊은 흔적을 남기고, 불행은 뿌연 기억을 남기며
행복은 내일까지 살고, 불행은 오늘 죽는다.

3. 두 시 중 하나를 선택할 자유가 언제나 당신께 있습니다.

아직

햇살이 참 좋네요.
어째 햇살 좋은 날은 햇살이 좋다는 말만 할까요.
내겐 햇살 좋은 날에도 햇살 빼고는
좋은 것이 없나 봅니다.
그래도 다행이지요, 햇살 좋은 것은 알 수 있으니.

바람이 좋은 날에는 바람만 좋아도 그만이고,
눈 내리는 날에는 눈만 좋아도 그만이고,
우중충한 날에는 우중충함만 좋아도 그만이지요.
그저 단, 한, 가지라도 좋다면
세상 아직 살만하지요.

여름의 가운데서

자세히 들어보서요.
매미의 목소리가 살짝 쉬기 시작했습니다.
밤의 열기에 투명한 풀벌레 소리가 섞여 납니다.
이미 여름은
뜨거운 심장에 가을을 잉태했는지도 모릅니다.

기다리지 않아도
오고야 마는 것은 기다리지 맙시다.
잠 막차 죽음 가을 따위 것들...
불타는 여름날,
그냥 찬란한 삶을 영위하시길 기도합니다.

좋아한다는 것

진달래꽃을 좋아한다. 왜?
도저히 피어날 것 같지 않은 죽은 가지에서 피어나
봄을 알리는 봉화를 이산저산에 피워 올리는 모습이 신비하다.
또한, 생략의 미학으로 간결하게 피어나는 꽃이 좋아서다.

오늘 처음으로 진달래를 관찰했다.
꽃잎은 다섯 장으로 이루어졌고,
수술은 아홉에서 열한 개 정도가
겸손하게 안으로 오므라져 있었다.
그래, 진달래에 대해 알고 나니 더 좋아졌나?

너는 수수꽃다리를 좋아한다고 했다.
나도 수수꽃다리를 좋아한다.
그러면 수수꽃다리에 대해 알고 있는가?
잘 알지 못한다. 그래도 좋다.
좋아한다는 것은 연구나 학습을 통해 되는 것이 아닌가 보다.

또한, 많이 안다고 많이 좋은 것도 아니다.
좋아한다는 것에는 그냥이라는 맹목적성이 포함되어 있다.

내가 진달래에게 바라는 것이 있는가?
진달래는 그냥 피어나면 되는 것이다.
나는 그냥 피어난 진달래를 그냥 좋아할 뿐이다.
좋아한다는 것은 존재 자체의 아름다움을
내 안에서 발견하는 것이다.

꽃이 지고 나면, 진달래의 존재를 잊을 수도 있다.
좋아한다는 의미가 퇴색되어 간다.
이제 진달래는 그의 삶 그대로 잎이 피어나고, 시들고,
앙상하게 가지만 남아 겨울로 간다.
이제 진달래는 내 마음에 없다.
이듬해 또다시 진달래는 봄을 알리며,
온산에 붉게 타오른다.
나는 진달래가 좋다.
좋아한다는 것은 겨울 속에 봄이 내재하듯,
가슴속에 항상 사랑의 불씨를 안고 살아간다는 것이다.

짧은 서신

문득, 이유 없이도 슬플 수 있듯이
불현듯, 까닭 없이도 웃을 수 있듯이
언뜻, 연유 없이도 무감할 수 있는 것이 인생인걸!

문득, 불현듯, 언뜻,
이유 없이, 까닭 없이, 연유 없이,
오늘 하루는 마냥 행복하시길 바랍니다.

항아리

사람은 그릇이 커야한다는 말이 있다.
정말 그럴까?

사람들은 빈 그릇을 채우려는 욕망이 있다.
자신의 항아리만 채우다가 죽을 수도 있다.
내 항아리가 넘쳐나야 밖으로 흐른다.

행복의 항아리는 작아야 한다.
그래야만 넘치는 행복을 타인에게 나눠줄 수 있다.

슬픔의 항아리는 매우 커야한다.
그래야만 채우지 못한 슬픔을 타인에게 전이시키지 않는다.

행복의 항아리는 아가리가 커야한다.
슬픔의 항아리는 아가리가 작아야 한다.
그래야 흔들리는 인생길을 거닐 때
행복은 넘치고, 슬픔은 넘치지 않는다.

행운

어젯밤에 꿈을 꾸었습니다.
그냥 좋은 꿈이라 생각되어,
시간을 내서 몇 장의 복권을 구입하고,
뿌듯해하면서 약간의 기대감에 부풀고,
당첨금의 사용처를 생각하면서 흐뭇해하다가,
문득 깨어나 씨익 웃고,
잠시 잊었다가,
월요일에 떨리는 마음으로 신문을 펴 보고,
씁쓸한 기분으로
"내게는 역시 행운이 찾아오질 않는구나" 생각하고,
약간의 허탈감을 느끼며 불운의 복권을 찢어버렸습니다.
꽤 여러 번 그랬지요.
행운은 마약성분이 있는지 가끔 저를 이끌어댑니다.

그러던 어느 날,
내게도 커다란 행운이 찾아왔습니다.
사랑하는 당신이 내 곁에 있다는 것이
정말 커다란 행운이라는 사실을 알게 되었습니다.

좀 더 적확하게 표현하자면,

행운은 늘 있었으나, 단지 욕심에 눈이 멀어

행운을 알아보지 못했을 뿐입니다.

행운은 찾아오는 것이 아니라 찾아내는 것이었습니다.

욕심 없는 마음으로 주변을 살펴보세요.

행운이 당신을 보며 웃고 있는 모습이 보일 것입니다.

화살나무와 나

나는 소파에 쭈그리고 앉아
비빔밥을 먹고 있다.

아내가 말한다, 화단을 바라보며.
"화살나무를 몽창 잘라버렸어.
뒤에 있는 분홍찔레를 가려서"

나는 말한다, 숟가락질을 멈추며.
"나는 자르지 말아줘요.
아무것도 가리지 않을 테니"

아내가 고개 돌려
씨익 웃어준다.

애오욕

愛 사랑도

惡 미움도

浴 씻자

이와 칫솔 사이

목욕탕에서 이를 닦는다.
현재의 산뜻함과 미래의 고통을 예방하기 위함이다.
333 전법으로 칫솔을 이용하여 열심히 닦는다.
다 닦았다.
잘 헹군 후 입을 벌리고 거울을 본다. 깨끗하다.
대충 헹군 후 칫솔을 살핀다. 깨애끗하다.
어찌된 일인지 치아보다는 칫솔이 더 깨끗하다.
칫솔로 치아를 닦은 것인지
치아를 이용하여 칫솔을 턴 것인지 잘 모르겠다.
그렇다.
치아와 칫솔의 관계처럼
나와 나 이외의 것과의 관계도 마찬가지다.
정상적인 사람은 관계 속에서 칫솔이고자 한다.
깨끗한 내가
세상 전체를 청소하는 듯이 사고하고 행동한다.
재미있다.
결국은 타인을 통해
세상을 통해
내가 깨끗해지는 것을.

냉탕 안의 파동과 원칙

넓은 냉탕 안의 물결이 부산하다.
파도와는 다르게 일정한 원칙이 없이
이리저리 출렁인다.
혼란이다.
원래 이러지는 않았을 것이다. 훑어보자.
처음 자극이 냉탕에 가해진다.
파동이 자극점에서 출발하여 규칙적으로 움직인다.
원래의 파장이 이내 벽에 부딪혀 되돌아오는
파동과 만나서 불규칙으로 바뀐다.
그러나 이것도 사실은 불규칙적으로 보일 뿐
규칙적이다.
처음의 원칙이 변형되어 혼란스러워 보일 뿐이지,
결국 분석해보면 원칙이 적용되고 있을 것이다.
그렇다.
원칙이란 것은 혼란 속에서도 제 갈 길을 간다.
모든 원칙은 시행 당시에는 명확하게 보이지만
시간의 흐름에 따라 마치 원칙이 무너진 것처럼 보인다.
그러므로 사람들은 이 원칙을 무시하고
자기 뜻대로 한다.

원칙이 처음에는 잘 적용되다가
벽에 부딪혀 새로운 양태를 보이지만,
결국 최초의 원칙이 관통하게 된다는 것을 모르는 우매함이다.
온탕에서 반신욕을 하며, 조금만 기다려 보라.
자극 ⇒ 파동 ⇒ 벽 ⇒ 역파장 ⇒ 혼란 ⇒ 고요로 이어지는
원칙의 경로를 알 수 있게 되리라.

또 하나,
원칙이 적용되고 있는 욕탕에 다른 자극이 가해진다.
이제 정말 혼란스럽다.
두 개의 원칙이 냉탕 안에서 다투는 형국이다.
그러나 이 혼란 역시 시간이 필요할 뿐
결국 하나의 원칙이 작은 냉탕을 이끌어간다.
내가 보지 못하고, 파악하지 못한다고 할지라도,
나와 무관하게 역사는 흐를 수도 있다.
눈을 부릅떠야 한다.

사우나와 경쟁

습식사우나에 들어가 자리를 잡는다.
조금 후에 한 사람이 들어온다.
"언제 나가지?"
스스로에게 묻는다.
"저 사람이 나간 다음에 나가야지"
갑자기 숨이 더 막혀오는 것은 왜일까.
다 저 사람 때문이다.
이제 사우나가 아니라 경쟁이다.
저 사람이 먼저 나가든가,
저 사람이 쓰러져야만
내가 살 수 있게 되어 버렸다.
환장하겠다.
정말 아무것도 아닌 일에 목숨 걸었다.
"어, 저 사람 땀을 삐질삐질 흘리면서 안 나가네"
"숨도 막히고 죽겠네"
어쩌면 저 사람도 나와 같은 생각을 하고 있는지
모른다.
이제 둘 중 하나는 사도세자처럼 죽을지도 모른다.
아버지는 세자가 살려달라고 할 때까지 기다렸고,
아들은 임금이 나오라고 할 때까지 안 나갔다.

이거나 저거나
그때나 이때나
경쟁은 사람을 죽일 수도 있다.

왜 나는,
상대만 눈에 보이면,
아무 일에나,
무조건,
경쟁을 하려드는가.

폭포와 얼음에 관하여

폭포는 옛날부터 희한한 도구로 사용되고 있으며,
폭포 밑에서 얻는 것이 많다.
폭포 밑에서 목에 피가 나도록 소리를 질러대면
음을 얻기도 하고(得音),
물줄기에 피멍이 들도록 머리와 몸을 맡기면
도를 얻기도 하고(得道),
얼어붙은 폭포를 박박 기어 올라가면
낙을 얻기도 한다(喜樂).

목욕탕에도 폭포가 있다.
이것도 폭포라고 여기서도 무언가를 얻고자 하는
사람들이 있다.
놀라운 일이다.
엄청난 물줄기에 물건을 들이대고 부들부들 떠는
사람들.
폭포 밑에서 무엇을 얻고자 한다.
"어떻습니까?, 밤에 효과가 있습니까?"
"아, 그럼요. 확실히 오래갑니다"
그렇다.

여자를 얻고자(得婦?) 아침마다
차갑고 가열찬 폭포 밑에서 고통을 참는다.

어느날 나도 사람들이 없는 틈을 타서
폭포 아래에 물건을 들이밀어 보았다.
으악!
1초도 참을 수가 없을 정도로 아팠다.
그들은 대단한 분들이었다.
그렇다.
무언가를 얻는다는 것은
엄청난 고통과 인내를 요한다는 사실을
다시 한번 깨닫는다.

목욕의 종류에 관하여

탕 속에 몸을 숨긴다.
얼굴만 빼고 숨기는 것은 전신욕,
심장 아래쪽을 숨기는 것은 반신욕,
얼굴까지 모조리 숨기는 것은 잠수라 한다.

잠수는 고작 1분이면 세상에 알몸을 드러낼 수밖에 없다.
전신욕은 겨우 10분이면 치부를 세상에 드러낸다.
반신욕은 그래도 세상과 교류가 가능하므로 견딜만 하다.

그렇다.
적어도 심장과 얼굴은 세상에 드러내고 살자.
나를 감출 수도 없고, 나를 감출 필요도 없다.
건강에 나쁘다.
많이 숨기다가 숨막혀 죽는다.
반신욕이 좋다. 딱 좋다.
생긴 대로 보여주며 사는 것이 건강에 좋다.

지금의 나보다 멋있는 모습으로 보이고 싶다면,
멋있게 보이려 하지 말고,
멋있는 모습으로 나를 변화시키면 된다.
어쩌면 숨기는 것보다 변하는 것이 쉬운지도 모른다.

무의식과 의식

머리를 말리고 옷장을 연다.
(사람들은 저마다 옷을 벗고 입는 순서가 다르다.
왜 그런 순서대로 입는지 알 수도 없다)
우선 팬티와 러닝셔츠와 양말을 꺼낸다.
양말은 의자에 던지고,
서츠는 어깨에 걸치고,
팬티를 입는다.
서츠를 입고 의자에 앉는다.
긴장감이 온몸에 퍼진다.
(무의식이 의식으로 바뀌면서부터 그랬다)
오른발을 올리고 양말을 신는다.
또 실패다.
도무지 알 수 없는 노릇이다.
50%의 확률이 이제 거의 100%에 다가섰다.
두 번 중에 한 번은 제 짝을 찾아 신어야 했다.
나는 한동안 고민에 빠졌었다.
그리고 실패를 벗어날 방도를 찾아냈다.
그렇다. 간단하다.
왼쪽 발부터 신으면 될 것 같았다.
놀랍게도 첫 번째는 성공을 거두었으나,

이 역시 거의 100%에 가까운 실패를 하게 되었다.
(나의 삶은 매일 아침 실패로부터 시작한다)

얼마 전에 나는 오른발부터 양말을 신는다는 사실을 알게 되었다.
얼마 전에
나는 양말 짝을 맞추지 못한다는 사실을 알게 되었다.
그리고, 지금, 나는,
몸에 밴 무의식이
머리로 만드는 의식보다
한결 나을 수도 있다는 사실을 알게 되었다.

왼손과 오른손

오른손으로 옷장의 열쇠를 연다.
오른손으로 옷장에 옷을 건다.
오른손으로 수도꼭지를 돌린다.
오른손으로 칫솔질을 하고,
중간에 의식적으로 왼손을 사용한다.
오른손으로 바가지의 물을 떠서 사용한다.
거품은 왼손으로 내고, 오른손으로 면도를 한다.
오른손으로 수건을 들어 몸을 닦는다.
머리카락은 왼손으로 만지고,
오른손으로 드라이기를 사용한다.
오른손으로 목욕탕 문을 열고 나온다.
오른손으로 목욕 가방을 들고,
왼손은 주머니 속에 있다.
오른손만 죽어났다.

많이 사용하는 쪽은 발달을 거듭해
계속 많이 사용하게 되고,
위험하거나 세밀한 일까지 담당하게 된다.
왼손이 다치면 몸이 불편하고,
오른손이 다치면 몸이 피곤하게 되어 버렸다.

한때는 불평등을 시정하기 위해
의도적으로 왼손을 많이 사용한 적이 있었다.
그러나 시간이 흘러 내재하는 무의식이 도입된 의식을 이겼다.

이제 오른손은 힘이 세고, 왼손은 비리비리하다.
오른손은 자신감이 있고, 왼손은 불안감이 있다.
그렇다.
비록 고단할지라도
노동이 나를 지탱하는 힘이 되고,
비록 일한 만큼의 대접을 받지 못할지라도
노동이 세상을 살아가는 힘이 된다.

몸무게와 맘무게

홀딱 벗고 디지털 저울에 오른다.
계기판이 왔다리갔다리 한다.
숨을 멈춤과 동시에 숫자도 멈춘다.
63.5Kg
어젯밤에 집에 있는 저울로는 64.1kg이었는데.
이상하다. 먹는 꿈을 꾸었나.
먹는 꿈을 꾸면 정말로 몸무게가 느나.

살다보면 가끔씩 저울에 대한 의문이 생긴다.
시간은 그리니치상용시나 세슘원자시계를 기준으로
비교적 정확하다고 믿고 살지만,
저울은 어째 조금 그렇다.
이집 저집 다르다는 생각이 든다.

그러면 어떤 저울이 정확한 저울일까?
아침에 윤선생에게 질문을 했다.
"어떤 저울이 정확한 저울이냐?"
"그거야, 몸무게가 덜 나가는 저울이 맞지요, 하하"
그래요. 몸무게가 줄기를 바라는 사람은
덜 나가는 저울이 정확하기를 바라지요.

어차피 세상에 절대적으로 정확한 것은 그다지 많지 않아요.
그냥 믿고 사는 게지요.
몸무게 역시 마찬가지지요.

몸무게가 많이 늘어나면 마음이 무겁지요.
하지만 그 반대입니다.
마음이 무거워져서 나의 전체 무게가 올라간 겁니다.
나의 무게는 몸무게와 맘무게를 합친 무게이지요.
맘무게가 어쩌면 저울의 눈금을
가장 많이 움직이게 하는 부분인지도 몰라요.
마음을 비우면, 아마 저울의 눈금은 많이 줄어들 겁니다.

다른 것과 틀린 것

옷을 벗는다.
외투를 벗고, 저고리를 벗고, 티를 벗고, 바지를 벗고,
러닝서츠를 벗고, 팬티를 벗고, 양말을 벗는다.
옷을 벗는다.
외투와 저고리를 한꺼번에 벗고, 올가미를 풀고,
와이셔츠를 벗고, 바지를 벗고, 내복을 벗고,
양말을 벗고, 러닝서츠를 벗고, 팬티를 벗는다.
옷을 벗는다.
제멋대로 벗는다.
누구도 시비하지 않는다. 다 벗었으니까.
옷을 입는다.
러닝서츠를 어깨에 걸치고, 팬티를 먼저 입고,
러닝서츠를 입고, 양말을 신고, 티를 입고,
바지를 입고, 저고리를 입고, 외투를 걸친다.
옷을 입는다.
러닝서츠를 입고, 팬티를 입고, 내복을 입고, 와이셔츠를 입고, 올가미를 매고, 바지를 입고, 양말을 신고,
외투와 저고리를 한꺼번에 입는다.

옷을 입는다.

제멋대로 입는다.

누구도 시비하지 않는다. 다 입었으니까.

그렇다.

시시비비가 있을 수 없다.

다양성에 관한 문제이니까 인정한다.

팬티를 먼저 벗고 바지를 벗을 수도 없고,

바지를 먼저 입고 팬티를 입을 수도 없다.

우기지 말자.

다양성이라 인정하라고 하지 말자.

다양성은 서로 다른 것이고,

다른 것은 틀린 것이 아니기 때문이다.

옷을 입을 때 순서는 없다.

그러나 바뀔 수 없는 순서도 있다는 사실을 잊지 말자.

다양성에 내재하는 원칙을 보아야 한다.

"틀린 것"을 "다른 것"이라 우기지 말며,
"다른 것"을 "틀린 것"이라 우기지 말자.
"다른 것"은 결코 "틀린 것"도 아니며,
"틀린 것" 또한 결단코 "다른 것"이 아니다.

내 안에 나 아닌 무엇

어디선가 음악 소리가 들린다.
뭐지?
가만히 살펴보니 탕 안에 스피커를 설치했다.
좋네. 탕 속에 몸을 맡기고 듣는 음악 좋네.

>『오고 가는 많은 사람들 속에서
>너는 무얼 생각하고 있을까
>두 눈에 이슬 가득 담고 슬픈 미소 지으며
>무얼 그리워하고 있을까
>내가 곁에 있어도 그립다고 말하던 그대여
>힘겹던 네 모습이 나를 울리네
>내가 곁에 있어도 그립다고 말하던 그대에게
>내일은 사랑한다 말해줄 거야...』

힘겹던 네 모습이 나를 울리듯
이 노래 아침부터 내 가슴 울린다.

반신욕 끝.
이를 닦고, 면도를 하고, 냉탕을 방문한 후
후속 조치를 취한 다음 밖으로 나온다.

차에 타서 시동을 거는데
시동이 같이 걸리는 것이 하나 더 있네. 웃기네.

> 『내가 곁에 있어도 그립다고 말하던 그대여
> 내일은 사랑한다 말해줄 거야...』

목욕이 끝나기 전에 끝나 버렸던 노래가
목욕이 끝났음에도 불구하고 다시 시작된다.
그리고 이 노래 하루종일 끝나지 않는다.
내 안에 오래된 카세트가 있나. 말을 듣지 않는다.
내 의지와는 무관하게 계속
이 노래가 내 입을 통해서 흘러나온다.
아!
내 안에 나 아닌 다른 무엇이 있나 보다.
무섭다.

사도세자

긴 호흡을 한다.
문을 열고 각오 속으로 들어간다.
의자에 침잠한다.
먼저 얼굴의 가면이 씻겨지고
등줄기부터 허물이 벗겨진다.
코끝이 따갑고 심장에 열기가 가득하다.
그를 생각한다.
그는 어떤 생각으로 시작했으며
어떤 생각 속에서 죽어갔나.
내가 이곳을 끝내 탈출하지 않으면
그의 생각에 접근할 수 있을까.
정체불명의 공포가 엄습한다.
"이제 어떤 생각을 해야 이곳에서 견딜 수 있을까"
하는 생각으로 가득하다.
아무 생각이 나질 않는다.
슬쩍 일어나 문을 잽싸게 열고 나간다.
세상 속으로.
그러면, 세상은, 과연, 살만한가?

목욕탕을 나서며

샴푸질로아무리머리를감아도생각은닦이지않는다.
칫솔로제아무리치아를닦아도언어는닦이지않는다.
면도칼로아무리수염을깎아도우울은깎이지않는다.
비누로제아무리가슴를닦아도마음는닦이지않는다.
세정제로아무리성기를닦아도욕정은꺾이지않는다.
찬물로제아무리두눈을씻어도눈물은멈추지않는다.
뜨건물로아무리손발을씻어도죄악은닦이지않는다.
봉으로제아무리귓속을후벼도유혹은끊이지않는다.

무엇으로, 제, 아무리, 어찌해도,
어느 것, 하나, 바뀌지 않는다.
목욕탕으로 피신해서 할 수 있는 것은 무엇도 없다.
세속의 때는
오직 세속 안에서 닦아야만 하는지도 모른다.